Nathalie RAMON-BIRIOUK

PADOÉSIE
RECUEIL DE POÈMES

Nathalie Ramon-Biriouk

PADOÉSIE

Loi n°49-956 du 16 juillet 1949 sur les publications destinées à la jeunesse, modifiée par la loi n°2011-525 du 17 mai 2011.

Le code de la propriété intellectuelle n'autorise que les copies ou reproductions strictement réservées à l'usage privé du copiste et non destinées à une utilisation collective (article L.122-5) ; il autorise également les courtes citations effectuées dans un but d'exemple ou d'illustration. En revanche, toute représentation ou reproduction partielle ou intégrale faite sans le consentement de l'auteur ou de ses ayants droit ou ayants cause est illicite (article L.122-4). Cette représentation ou reproduction, par quelque procédé que ce soit, constituerait une contrefaçon sanctionnée par les articles L.335-2 et suivants du code de la propriété intellectuelle.

Tous droits de reproduction, d'adaptation et de traduction, partielle ou intégrale, réservée pour tous pays. Seule responsable du contenu de ce livre, l'autrice est également seule propriétaire des droits. Toute ressemblance avec des faits et des personnages existants ou ayant existé ne serait pas forcément si fortuite que ça et ne pourrait être que le fruit d'une pure coïncidence. Mais tout a été pensé pour protéger l'anonymat de chacun, connards compris.

© Nathalie RAMON-BIRIOUK
Édition : BoD – Books on Demand, info@bod.fr
Impression : BoD – Books on Demand, In de Tarpen 42, Norderstedt (Allemagne)
Impression à la demande
Couverture : © Nathalie RAMON-BIRIOUK
ISBN : 978-2-3225-2450-1
Dépôt légal : avril 2024

« Tout a droit de cité en poésie […] le poète est libre. »
Victor Hugo

Je crois que j'ai toujours aimé écrire. Non, y'a pas de « je crois » en fait. J'ai toujours aimé ça. Faire glisser silencieusement des stylos de toutes les couleurs sur mes cahiers, pour rendre les coups de poings et les coups de cœur. Mieux encore, trouver là toutes les possibilités de jeter mes angoisses inaudibles par dessus bord.

Petite, j'étaye le « ils se marièrent et eurent beaucoup d'enfants » des contes merveilleux. Pas assez explicite à mon goût. Quelle robe a-elle préférée ? Où ont-ils décidé de vivre ? Quel prénom ont-ils choisi pour leur premier enfant ? Dans chaque histoire, il y a un sous-texte à écrire pour dompter ma créativité tourbillonnante. Cercle vertueux : je lis énormément et j'imagine tout autant, dans l'infini temps libre de l'enfant bon élève.

Puis un jour, je demande à ma grand-mère comment lire en silence, comme s'il s'agissait d'un super pouvoir qu'elle pouvait me transmettre. Dans un sourire très léger, pour ne pas que je crois qu'elle se moque, elle me répond quelque chose du genre « en me concentrant sur les mots, je n'ai pas besoin de les dire ». Bingo, ça fait tilt. La petite voix dans la tête. Du haut de mon CP, je deviens Supernat. À moi le club des cinq et les *20 ans**.

En multipliant mes lectures, je me rends compte que les phrases ont une musique. Que certaines mélodies résonnent bien plus en moi que d'autres. Les formules courtes parlent vite. Elles n'ont pas le temps. Elles secouent. Les tirades plus longues traînent en bouche comme le vin de plus ou moins bonne qualité bu en fin de soirée pour endormir les dernières idées lucides. Je me découvre un amour secret pour la virgule, celle qui raccourcit les phrases, celle qui permet de reprendre son souffle.

La syntaxe a donc une musique.
Et la musique, je lui voue une véritable obsession.

Non pas que j'aurai voulu être interprète, je me savais déjà trop versatile pour me concentrer et apprendre à jouer d'un instrument. Mais j'aimais, et j'aime toujours, écouter ces violons qui épousent des guitares, ces pianos qui se marient avec des trombones. Je chérie en profane, souvent sans forcément reconnaître l'objet mais en me soumettant à l'émotion qui s'en dégage. Ces sensations, mélangées à mes réflexions du moment, je les ai

---
* Magazine que, justement, *les moins de vingt ans ne peuvent pas connaître* puisque que sa publication a été suspendue en 2010.

couchées sur le papier entre 2001 et 2011. Beaucoup et probablement mal. Mais je m'en foutais. J'avais le culot d'écrire autant avec Mozart qu'avec Moby et j'avais l'ego nécessaire pour trouver dans mes textes une beauté souvent fatale. *Désillusionnée avant l'âge, je dégueule sur la facilité des sentiments.*

Aujourd'hui, j'ai dépassé l'orgueil et la honte, parce que ces écrits font parti d'un passé assez loin pour que je m'en sois détachée. Assez loin pour que je ne veuille pas l'oublier complètement. Assez loin pour me rappeler ces constructions hasardeuses qui canalisaient mon esprit quand les jours étaient trop longs.

Alors j'ai eu envie de les partager. Parce qu'elles ne sont peut-être plus d'actualité. Parce qu'au contraire, elles le sont peut-être plus que jamais. Parce qu'un jour, on a quinze ans et le lendemain quarante. Et parce qu'au-delà de tout, on a cette chance d'avoir vieilli.

Mais aussi parce que que je ne peux m'empêcher de sourire quand je lis, après un texte sur une rupture amoureuse inévitable, que ce dernier a été écrit pendant un cours au lycée. Parce qu'on peut toujours retrouver une nostalgie pour ces classes douceureuses qui ont occupé notre deuxième dizaine. Et que nos vies ne peuvent pas être si différentes puisqu'elles se croisent depuis lors.

Alors bienvenu.e dans les années 2000. Dans un monde qui décomptait ses SMS et ses minutes d'appel d'un forfait hors de prix. Bienvenu.e dans ce monde autocentré, tagué à tort et à travers sur un Facebook naissant, et qui n'avait pas encore donné de définition à l'inclusivité. Dans un monde qui mettait ses gros doigts dans les coins des photos prises à l'appareil photo jetable.

Bienvenu.e dans les fautes et les erreurs d'une gosse de baby boomers. Bienvenu.e dans mes souvenirs illusoires. Bienvenu.e dans mes chimères tangibles.

Peu importent les traces
Du moment qu'ça finit bien.

L'Héro[1] (XX/XX/2001)

On stresse, on s'presse
Du côté de Barbès
Rochechouart, plongé dans son sommeil
N'entend pas les dealers qui s'éveillent
Et les accros en profitent
Les seringues piquent
Ici pas de garrot, pas de compresse[2], pas d'élastique

On ne fait pas dans le sobre
On fait juste dans la drogue

Ici les shoots font mal, Lola le sait
Ça fait bientôt trois ans qu'elle voit les autres tomber
Pour pouvoir le supporter
L'héro est son alliée
C'est trop tard pour renoncer
Il ne fallait pas commencer

---

1. Dans la série des textes qui n'ont pas fini à la poubelle (volontairement ou non), voici le tout premier ! À l'époque, mes deux livres préférés sont *Go Ask Alice* et *Wir Kinder vom Bahnhof Zoo*. J'ai quinze piges et, comme pas mal d'ados, je suis fascinée par les drogues et leurs mécanismes addictifs. D'ailleurs, j'ai tapissé les murs de ma chambre avec des affiches de prévention Drogues Info Services. Et, la théorie ne suffisant probablement pas, j'ai commencé à fumer régulièrement en parallèle. Mais là n'est pas le sujet.
2. Manifestement, je pars du principe qu'on peut être héroïnomane et avoir la délicatesse de nettoyer la zone piquée avec une compresse. Stérile, j'espère...

Et Lola sait que son heure viendra
Elle a perdu son bébé, son copain, son emploi
Tout devenait ingérable et ce n'était plus possible
De conjuguer drogue et tapin avec vie de famille
Alors quand elle désespère
Elle sort une cuillère
Une dose et, du zinc,
Son briquet, sa seringue

Mais cette fois la dose sera trop forte, on le saura demain
Les journaux locaux[3] titreront « et une camée de moins »
Dans un dernier effort, Lola a pleuré
Trop tard, la dope l'étouffe et elle se sent crever
Un cauchemar continu quand elle baisse les paupières
Et toujours trop, bien trop de lumière
Pour qu'elle garde les yeux ouverts
Alors à bout de souffle, à bout de nerfs
Ses jambes vacillent et elle se perd
Sur le quai du RER[4]

Dans son coin,
Cône de crack à la main,

---

3. Le stagiaire de Paris Boum Boum en PLS.
4. Sachant que l'action se passe à Barbès et que le plus proche RER passe à Gare du Nord, Maps m'informe que Lola a trouvé la force de marcher douze minutes après avoir fait son overdose. Même si c'est anachronique, disons quand même que *boom-boom-boom-boom-boom-boom-boom-boom-boom, Lola c'est osé*.

Valérie[5],
Une autre junkie,
A tout vu,
Tout entendu,
Elle aussi, du ghetto[6]
A la drogue dans la peau
Et c'est à ce moment-là
En voyant s'effondrer Lola
Qu'elle comprend que son heure viendra

---

5. Moyenne d'âge du prénom aujourd'hui : 55 ans. Vieilloverdose.
6. Cela dit, *tout l'monde dit que le R&B n'est pas du Hip-Hop (oh oh)*.

Amie chemin[7] (XX/XX/2002)

Assises côte à côte dans cette classe de collège,
Qu'importe si ça ne dure pas très longtemps
Quand les années défilent, les amitiés s'abrègent
Plus vite que rétrécissent nos pulls d'enfants.

Coincées ici, entre Pythagore et Thalès[8]
Nos stylos bleus Reynolds[9] glissent sur les triangles
On leur donne la vie, et des bouches qui tirent la langue
Première complicité qui devient notre richesse

C'est pas qu'on s'fout de tout[10], juste que c'est pas très clair
Alors on défait le monde sur le même banc au square

---

7. Cadeau (et en plus, c'est d'époque) : <3
8. On est donc en classe de 3ème. 2000/2001 pour moi.
9. Point papeterie : le Reynolds 048 était le nec-plus-ultra des stylos à bille. Déjà, il était très élégant avec ses deux petites bagues blanches sur le corps mais surtout, j'ai une pensée émue pour son bouchon, fuselé et discrètement percé au bout, qui se transformait aisément en sifflet dès que nécessaire. Bref, un stylo qui a du faire chier plus d'un prof en classe mais un excellent souvenir d'ado. À ne pas confondre avec le 045, celui que nos parents piquaient à leurs tafs et qui écrivaient très, très fin.
10. Si.

Et on se prend les mêmes gifles quand on rentre trop tard
On nous fait la tête au carré des deux côtés (perpendiculaires)[11]

T'es ma première cuite titubante au panaché[12],
Mon premier teen-movie au ciné en plein air[13],
La nicotine de mes premières clopes mentholées[14],
Mes premières boucles d'oreilles volées chez Vet'Affaires[15]

Parfois j'me dis qu'on est juste au début du truc
Quelque chose qui ressemble à notre propre chemin d'adulte

---

11. « Le carré de l'hypoténuse, est égal si je ne m'abuse, à la somme, (ouais ouais) des carrés des deux autres côtés. » (Équerry James)
12. 0,4° d'alcool. Autant dire qu'avant d'être bourré, il fallait en boire des hectolitres. Bref, on pissait beaucoup plus qu'on ne titubait. La malhonnêteté a un nom : elle s'appelle la licence poétique (ta mère).
13. Mrs Tingle au cinéma Buxy (RIP), qui n'était absolument pas un « ciné en plein air » mais bon, fallait probablement que ça rime ça aussi. Je n'ai aucun souvenir de l'histoire. Je me rappelle juste du Mc Do précédent la séance et de M. qui trempe ses potatoes dans son Mc Flurry. Sans doute plus gore que le film en lui-même.
14. Putain mais ça aussi, c'est faux ! J'ai commencé à fumer des Marlboro's Light. Oui, elles étaient estampillées Light (Gold aujourd'hui) parce que considérées comme moins nocives. Mouahahahaha. Et c'était 10 Francs le paquet de 10. Mouahahahaha bis.
15. Si ça se trouve, c'est à cause de nous que ça a coulé.

Cette aventure à deux a des allures magiques
On trace d'jà notre propre figure géométrique[16]

Et tu vibres comme la flamme de tes pompes Buffalo[17]
T'es solide comme le scratch de mon sac Viahero[18]
Tu es ma première histoire d'amour qui tourne bien.
Jures tu s'ras la marraine de mon futur gamin ?[19]

Si les épreuves nous testent, elles ne font qu'renforcer
Ce lien qui nous unit, t'es la sœur qu'j'ai choisie
Tu m'comprends, tu m'soutiens, t'es ma sécurité
Parce qu'ensemble, on traverse les mêmes phases de la vie

---

16. Probablement un heptadécaèdre pour ma part. De rien pour le vocabulaire.
17. Oh oui, les noires avec la flamme brodée sur le côté et les énormes lacets qu'on rangeait n'importe comment dans le fond de la chaussure (on n'attachait pas ses lacets, ça faisait boloss) et qui nous niquaient les orteils toute la journée !
18. Oh oui n°2, le sac noir en matière imperméable (avec le curseur de fermeture éclair en forme de phénix !), qu'on portait en bandoulière (génération scoliose)... et donc son énorme scratch qui maintenait le rabat fermé, à l'abri des voleurs de Casio fx-92 Collège III.
19. L'inverse, du coup.

Et j'espère qu'dans quinze piges, on s'connaîtra toujours[20]
Qu'on s'insurg'ra toujours contre les mêmes sujets
Les chrysalides seront dev'nues des papillons
Mais j'te promets qu'mon cœur s'ra toujours ta maison

---

20. 22 ans après aussi. Et même si on a un peu navigué l'une sans l'autre pendant un moment, finalement on a repris la discussion presque où on l'avait laissée. Comme quoi la vie, quand elle veut (re)mettre quelqu'un sur ta route...

Bonjour Tristesse[21] (08/12/2002)

Au moment où tu l'as rencontré
T'avais une peur panique de t'attacher
Reprendre le risque de souffrir
Et cette fois-ci, ne pas guérir[22]
Reprendre le goût à l'illusion
Qui mène à la trahison
Passer et repasser des heures
À te panser toi et ton cœur
Mercurochrome, le pansement des zéros[23]
À ceux qui sur le ring de l'amour se sont retrouvés
K.O

À tous ces écorchés qui ont dit une fois « bonjour tristesse !
Viens, pénètre mon âme et flirte avec ma détresse »
Bien plus qu'un mot, c'est ton amie,
C'est ta confidente
Et tu découvres vite
Que pour toi, elle sera présente
Quand tu te mettras à repenser à ce que tu as été
À ce passé si destructeur que tu aurais voulu changer

---

21. Lecture obligatoire en 3ème. Rien d'étonnant au fait que j'ai beaucoup, beaucoup écrit sur les relations amoureuses pas très carrées par la suite...
22. Et pourtant, on avait encore du Di-Antalvic en ce temps-là.
23. Mon choix d'études supérieures (un BTS communication des entreprises en l'occurrence) commençait gentiment à se dessiner.

Quand tu sentiras tes larmes devenir incontrôlables
Quand tu voudras fermer les vannes, arrêter d'être vulnérable

Prise de conscience inefficace, tu repartiras de plus belle
Dans cet avant, dans cet enfer qui t'a arraché les ailes
Ta chute est programmée et en bonne fille consciencieuse
Tu en respectes toutes les étapes, tu touches le fond et puis tu creuses
Tu passes du temps à faire de ton mal-être un véritable havre de peine[24]
À coup de larmes, à coup de lames au désespoir tu t'enchaînes
Les jours, puis les mois passent
Et t'es toujours vivante
Mais tu maudis toujours ce gars
Qui a fait de toi une perdante

Perdante un jour, perdante à vie, le contraire du loto[25]
On t'avait promis une croisière mais on t'a menée en bateau[26]

---

24. Ce jeu de mots, comme dirait Sophie-Marie Larrouy, il «me fait les jambes mou». J'en profite pour dire que j'aime beaucoup cette femme. C'est grâce à elle (entre autres) que vous tenez ce bouquin entre les mains aujourd'hui, parce qu'elle a prouvé qu'on peut être « autre chose que quelqu'un qui n'est pas du sérail et écrire des livres ». Merci SML.
25. Gagnant un jour, gagnant à vie ? Aucun souvenir de ce slogan. BTS CE peut-être, mais sans la mention.
26. Mic drop.

Sans Titre (26/03/2003 - 9h30 à 11h30 - Mathématiques[27])

Tu es une maladie
Sexuellement transmissible
Quand tu m'laisses sur la défensive
C'est ton ombre qui m'obsède la nuit.

Mais mon ange, cette hémorragie
Devrait depuis un an et demi
Cesser de faire souffrir mon cœur
De lacérer toutes ces erreurs
À la lame d'un cutter
Un jour ici et l'autre ailleurs

Je n'fais pourtant qu'errer
Sur cette triste ligne D[28],
M'rappelle ce sourire qui me chavire
Tous ces souvenirs, tous ces désirs

Pour toute cette bride de ma vie
J'ai l'mal d'l'amer, l'mal de Paris
L'mâle aimé tant et plus, et encore
L'mal de descendre, Gare du Nord
Et plus j'oublie, et plus j'y pense
Et plus j'me noie dans l'ignorance

---

27. Précision d'origine. Pour ma défense, j'étais en première L.
28. Souvenir de pass Imagine R qui nous mettait la tête dans les nuages (et le corps dans des trains de banlieue du coup).

Mon amour, un homme te remplace
Mais je n'veux pas qu'il te surpasse

Dans mon âme, je veux garder
La sensation d'amour blessé
Ce goût salé entre mes lèvres
Celui des larmes ou c'lui du ...[29] ?

Peu importe, je veux m'en aller
Quitter psychologiquement ta chambre
Plus continuer toutes ces soirées
À ressasser, bien plus méfiante

Les sentiments, les « sans lendemain »
Son beau visage, ses traits si fins
Qui malheureusement n'étaient pas les miens

Alors l'amour meurt quand le cœur court[30]
J'ai besoin d'une issue de secours
Sortir de ce grand labyrinthe
En finir avec cette complainte

J'ai besoin de vaquer à autre chose
De voir enfin la vie en rose
De lui sourire comme je riais
De l'faire marcher comme je courrais

---

29. La pudeur de mes dix-sept ans te remercie de compléter toi-même l'espace vaquant du texte original.
30. Les chaussettes de l'archi-duss... dusch... Oh et puis merde, laisse tomber.

À vivre insouciant, on s'mord les doigts
De n'pas réaliser qu'vite il s'en ira
L'amour que l'on chérit du plus profond d'son cœur

Après de brillantes formules
Dignes d'un grand chercheur
On trouve suivant mon calcul
Une valeur négative au bonheur[31]

---

31. J'en déduis que c'était un cours sur les équations de second degré.

Onze Septembre (XX/11/2003)

Un mètre quatre vingt
Les yeux bleus, les cheveux bruns
Le costard Kenneth Cole
Dans mon rêve, j'adule personne
Dans mon rêve, c'est moi l'idole

Et j'trimbale mon attirail
Du parfait américain
La sacoche et les portables,
Le Macintosh[32], le Nokia mondain[33]
Toujours à la pointe de la technologie[34]
Toujours sappé dernier cri
Ainsi va ma vie

Je bosse tout en haut d'une tour
Et dans un fauteuil de velours
En haut de cette vie qui raisonne
Y'a ma secrétaire qui réceptionne
Toutes mes futures stock-options

Je suis le plus comblé des hommes
Et ma femme est en silicone[35]

---

32. On avait encore le temps de dire les mots en entier.
33. Portable le plus vendu de l'année 2003 : Nokia 1100. Et si on veut pousser le vice, portable le plus vendu de 2001 : Nokia 3210 à égalité avec le 3310. Ah oui, on était encore loin de l'Iphone en ce début du siècle...
34. Et la possibilité de jouer à Snake entre deux rendez-vous d'affaires, ça n'a pas de prix.
35. Fini les voyages en avion... OK, je sors.

Mais c'est ma secrétaire qui me plaît
Et je ne rêve plus de la sauter... c'est fait !

Du haut de ma tour de verre
Je pense à la volatilité
Aux profits qui ont baissé
Aux euros qui nous laissent un goût amer
Aux dollars qui finiront par reprendre les devants[36]
Aux charts, aux edjes, aux actions, au rendement

Voilà, j'avais vraiment l'esprit trop occupé
Pour voir ce putain d'avion arriver
Et résultat, ma vie de salaud
De profiteur, d'arnaqueur et d'escroc[37]
Va s'arrêter net d'ici 3... 2... 1.... 0

Onze septembre
J'espère que vous viendrez nombreux vous recueillir sur mes cendres
Onze septembre
Ce sont eux les salauds ! C'est à s'y méprendre...

---

36. L'appréciation de l'euro a entraîné une dépréciation du dollar rapport à d'autres devises, ce qui a eu notamment eu des effets sur la balance commerciale. Oui bon, d'accord, merci Google.
37. Bref, un chic type.

Auchan[38] (XX/XX/2003)

Zone industrielle de Rouen[39]
Je cours vers l'énorme bâtiment
Les portes s'ouvrent automatiquement
Auchan

Je n'ai jamais vraiment le temps
J'aime pas trop ça, c'est évident
Mais faut manger à un moment
Auchan

---

38. J'ai toujours bien aimé les grandes surfaces. Peut-être parce que c'est le seul endroit qui arrivait à réunir mes deux parents chaque vendredi soir. Alors moi, bien installée dans le Caddie, j'appréciais cette promenade au pays de la consommation. D'autant plus qu'elle se terminait régulièrement à la cafétéria intégrée à l'hypermarché. Parce que ça donnait l'illusion d'une sortie, d'un vrai temps en famille... et aussi parce que « flemme de faire à bouffer en rentrant » sûrement. Et puis en grandissant, j'ai arpenté d'autres ZAC avec les copains, sans un sou en poche mais avec la furieuse envie de faire comme si. Alors je ressortais des magasins, les poches remplies de K7 ou de CD. J'ai même tiré une VHS une fois... En banlieue parisienne, les centres co' deviennent rapidement des spots pour les ados qui s'ennuient. Et la chourave une occupation qui, personnellement, me cultivait...
39. À l'heure où j'écris ces notes, il n'existe toujours aucun Auchan dans la proche banlieue de Rouen. Ce qui me laisse à penser que j'ai un talent bien plus artistique que prophétique.

Il fait beau c'soir, y'a pas de vent
Y'a pas non plus beaucoup d'clients
J'vais faire mes courses rapidement
Auchan

Mais ils ont fait des tas d'changements
Je trouve même plus le rayon du blanc
J'préférais quand c'tait Continent[40]
Auchan

Et voilà qu'arrive l'accident
« C'est par là Mam'zelle, droit devant »
Sourire et regard semblent francs
Auchan

Bonsoir, enchantée Nathan
J't'ai pas vu dans l'catalogue d'printemps
T'es un produit assez charmant
Auchan

On échange deux-trois boniments
On sait bien que c'est pour faire semblant
On se voudrait plus insouciants
Auchan

---

40. RIP l'achat gagnant.

Les draps en jersey ottoman[41]
Font émerger des rêves brûlants
Et tu y as[42] un rôle important
Auchan

Et tu repars nonchalamment
Vers un caddie bien dégueulant
Dans l'quel est assis un enfant
Auchan

Ta femme arrive, les bras ballants
Ils font pas sa taille de vêtements
Elle est triste et c'est toi qui prend
Auchan

Tu m'laisses seule avec mes sentiments
J'sais bien qu'j'ai pas beaucoup d'argument
Face à ton train-train rassurant
Auchan

---

41. Le jersey ottoman est plus un tissu d'ameublement qu'un tissu pour parure de lit mais impossible de trouver mieux. Ça n'existe pas. Sauf si on parle le parisien, dans ce cas il est envisageable d'avoir des draps en « flanelle-han ». Mais je te rappelle que l'action se situe dans le 76, pas dans le 75. Donc va pour le jersey ottoman.
42. Ah, y'avait manifestement une foire aux plantes dans l'hypermarché.

La vie, c'est qu'une question d'moment
Et le mien, c'est pas pour maintenant
C'pas un Carrefour, c'est un croisement[43]
Auchan

---

43. « Ce jeu de mots est une Lidl de génie, quel Cora-ge ! » comme dirait le général E. Leclerc. Bon, OK, j'arrête. Mais c'était bien Shopi quand même.

Comme une drogue[44] (17/03/2004)

Tourne-moi la tête[45]
Fais-moi pleurer, je ne veux pas que ça s'arrête
Dis-moi encore
Que je n'suis qu'une idiote qui n'fait pas d'effort
Demande-moi
Ce que tu veux, je le ferai si c'est pour toi
Tu as le choix
Et moi je souris même si je ne l'ai pas

Tu es celui qui m'a choisie
Et je suis persuadée que ce choix, je l'ai fait aussi
Peu importe les partis pris
Peu importe leurs mises en garde, ce ne sont que des conneries

Fais-moi oublier
Parents et amis, pour toi je les ai tous reniés
Dis-moi « je t'aime »
C'est ma manière d'oublier tous mes problèmes[46]
Laisse-moi penser
Que t'écoutes mes remarques, mes reproches, le fond de mes pensées
Laisse-moi penser
Que j'ai mon mot à dire sur cet amour tiraillé

---

44. Ah, ma période « apprentie toxicologue » n'était pas encore passée.
45. 6h58, première cigarette de la journée.
46. Ça et les Maltesers.

Tu es l'homme de ma vie
Celui qui a un truc en plus[47], que les autres n'ont pas compris
Différent, tu es celui
Qui me fait souffrir
Comme une drogue
Tu vas me détruire

---

47. Sylvain avant Artus.

Demain (XX/XX/2004)

Demain, je vais faire semblant d'avoir oublié
Je vais me dire que c'est du passé
À laisser où il est[48]

Demain, je vais m'obliger à n'pas y penser
Je vais te dire des trucs marrants
Je vais faire semblant

Demain, c'est déjà du passé
Le futur n'existe pas
Pour moi[49]
Demain sera déjà démodé
Lundi prochain
Il sera loin
Ce demain

Demain, je vais me retrouver toute seule
Je vais m'interdire de t'appeler
Je vais peut-être pleurer

Demain, je n'ferai sûrement pas la gueule
Pas question de s'apitoyer
Trop de fierté

---

48. « J'ai pas d'passé...
49. J'ai pas d'avenir » (On est d'accord, c'est la meilleure comédie musicale de tous les temps !)

Mais demain c'est déjà du passé
Le futur n'existe pas
Pour moi
Et demain sera déjà démodé

Lundi prochain
Il sera si loin
Ce demain

Demain, j'espère que ça marchera
Plus envie d'être en liesse
Avec ma tristesse

Demain, je ne me raterai pas
J'irai au bout de mon envie
Sans un cri

Et demain, si j'laisse tout tomber
C'est qu'le futur n'existe pas
Pour moi
Mais demain sera vite démodé
Et lundi prochain, on dira
« Ça fait si longtemps que je n'sais pas
Quand j'l'ai vue pour la dernière fois »

Pour la dernière fois...

Solution[50] (12/06/2005)

Un peu de bruit dans un monde qui fait la sourde oreille
Encore un peu de bruit
Un peu plus fort, pour ne pas cesser d'exister
Ne pas s'arrêter de parler
C'est la solution...

---

50. Chèr.e lecteur.ice, il est temps qu'on se parle les yeux dans les yeux, toi et moi. Comme tu as pu le voir, je n'ai pas fais beaucoup de vannes sur le texte précédent. Eh bah pareil pour celui-là. C'est marrant mais, quand j'ai commencé à compiler mes anciens écrits, celui-ci m'obsédait. J'ai mis un peu plus de temps à le retrouver mais je m'en rappelais presque mot pour mot. C'était l'époque où j'écoutais trois chansons en boucle : *Jeremy* de Pearl Jam, *Pushing Me Away* de Linkin Park ou encore *The Kids Aren't Alright* d'Ofspring. Je cherchais à comprendre. Je ne sais plus trop où j'ai écrit ce texte, ni dans quel état d'esprit. Je crois que j'étais un peu shootée par le cocktail Ixel/Lexomil/Stilnox prescrit pour soigner une méchante dépression. Bon alors je vais t'épargner le couplet sur l'écriture thérapeutique puisque je suis convaincue qu'on n'écrit que pour organiser le bordel d'idées qu'on a dans le cœur et dans la tête. Et certaines idées sont plus noires que d'autres. C'est OK. Vraiment. Alors si toi qui lis, parfois tu te dis que tout ça n'a pas de sens, que même l'opercule de la canette qui te reste dans la main ça te retourne le bide, eh bien sache que rien n'est figé. Jamais. On peut écrire qu'on pense à tout arrêter à dix-huit ans et en reparler vingt ans plus tard. Il y a des tempêtes plus difficiles à gérer que d'autres, c'est une évidence. Mais quand tu te retrouves sous l'eau, écris, dessine, peins, parles-en à quelqu'un en qui tu as confiance, dors. Et n'hésite pas à appeler le 3114 si besoin. C'est gratuit, confidentiel et accessible 24/24 heures et 7/7 jours. Tu mérites d'être écouté.e. Tu es important.e pour cette planète.

Un peu de bruit dans un monde où c'est chacun pour soi
Encore des rires et des cris
Un peu plus fort, ne pas me faire oublier
Ne pas s'arrêter d'raconter
C'est peut-être la solution... ?

Un peu de bruit dans ton monde pour que tu me voies
Encore, sans que ça désamplifie
Un peu plus fort, pour chasser les idées noires
Rester dans le brouillard
C'est pas la solution...

Un peu d'silence dans un monde qui n'réclame que ça
Plus aucun bruit, pour qu'on ne pense plus à moi
Un peu plus fort le prochain coup de cutter
Un peu plus près du cœur
Si c'est la solution...

Quinze Septembre (XX/XX/2006)

Entre toi et moi,
Un mandat présidentiel d'écart[51]
On se parle sur Cara[52],
On traîne toujours tard le soir
T'as l'air mature, t'as une voiture,
T'es en DEUG d'un truc chiant à crever[53],
Et moi, je passe le BEPC

Je te mens, ouvertement,
J'te dis que j'ai déjà dix-sept ans
Que je suis majeure dans moins d'un mois
J'finirai par te dire la vérité, pas le choix
Mais j'ai gagné ta confiance, si j'avais su
Et c'est flatteur, à cet âge-là
Aucun mois n'est superflu

---

51. La scène se passe en 2001, nous avons donc sept ans d'écart. Le septennat ne disparaîtra que l'année suivante à la suite de l'élection présidentielle.
52. Caramail, LE tchat virtuel de la fin du siècle dernier. En 2001, plus de la moitié des foyers connectés à internet est dessus, c'est dire ! C'est le site où traîner pour rencontrer des gens qu'on n'aurait pas eu l'occasion de rencontrer IRL (« in real life », dans la vraie vie, noob). Il y avait des salons sur lesquels on commençait par décliner nos ASV (age, sexe, ville) puis, si on accrochait bien avec quelqu'un, on allait discuter en PV (privé) et enfin, avec l'adresse mail adéquate, on filait sur MSN s'envoyer des wizz. Très contente d'avoir passé mon adolescence à envoyer des clins d'œil en forme de cochon qui dandine du cul.
53. Sûrement en lien avec les mathématiques vu mon amour pour la matière.

Avant d'tourner ma langue dans ta bouche, j'aurais
Dû la tourner dans la mienne, c'est évident
Si déjà à dix-sept c'est compliqué,
On n'est encore moins sérieux à quinze ans[54]

Internet laisse place aux conversations téléphoniques
C'est l'époque du Millénium[55], des sonneries polyphoniques[56]

---

54. « On n'est pas sérieux, quand on a dix-sept ans » est le premier vers du poème *Roman* d'Arthur Rimbaud.
55. À la fin des années 90, deux options s'offrent aux utilisateurs de téléphones portables : souscrire à un forfait coûteux avec un nombre limité d'heures d'appels et de SMS ou recharger leurs crédits avec des cartes prépayées (big up à la Mobicarte). Fin 1999, Bouygues Telecom devient le premier opérateur à lancer un abonnement avec une notion d'illimité. Ce forfait, baptisé Millénium, permet de téléphoner gratuitement en semaine de vingt heures à huit heures le lendemain. Un mois plus tard, SFR réplique avec son propre forfait illimité appelé SWEG (Soir et Week-End Gratuit), mais rapidement rebaptisé Millénium par les consommateurs qui confondent les deux offres. Plus attractif que celui de son prédécesseur, ce forfait connaît un succès fulgurant : 400 000 nouveaux clients rejoignent l'opérateur au carré rouge en seulement six semaines. Passé ce mois et demi, SFR en cesse la commercialisation, car cet abonnement n'est absolument pas rentable pour l'entreprise. Certains forfaits sont revendus au marché noir (!) et l'opérateur propose des gestes commerciaux importants en échange d'une modification d'abonnement. Peine perdue car, au delà de la tarification intéressante, avoir un Millénium c'est être reconnu comme faisant parti d'une sorte d'élite de la téléphonie mobile. Bref, tout ça pour dire que lui, il a un forfait Millénium. Et moi un compte prépayé si ça t'intéresse.
56. Et du vibreur tellement puissant que le téléphone se déplace d'un bout à l'autre de la table du salon à chaque appel.

On passe des heures à blablater dans nos 3210 incassables
Et je m'amuse de ces moments ineffaçables, inexplicables
J'prends conscience qu'un jour, j'péterai un câble[57]

Je tire vénère sur ma Winston[58]
Et crache la fumée, nez en l'air
Par la vitre amovible du RER[59]
Dans une semaine, ça sera l'automne
J'ai encore menti pour v'nir te voir
T'es pas encore un sale bâtard[60]
J'ai bien une idée
De c'qui va s'passer
Et pourtant j'y vais

Rien à dire sur la première fois,
Je n'en ferai pas une histoire
D'autres en ont mieux parlé que moi[61]
J'ai laissé mon enfance sur l'trottoir,
Déposée près des Polly Pocket

---

57. Contrairement au 3210 précité dont le chargeur est resté intact malgré mes arrachages, parfois sauvages, des prises électriques.
58. Alors là, c'est vraiment pour la rime. Celleux qui ont déjà enchaîné les Winston Red ne pourront que confirmer.
59. J'ai connu les restaurants légalement fumeurs, les TGV légalement fumeurs et les RER illégalement fumeurs. Oh ça va, y'a prescription. Et puis ça fait des souvenirs.
60. Insulte suprême.
61. Genre *La première fois* de Tryo. Toujours aussi belle, même avec vingt ans dans la vue.

Maudit longtemps ce samedi soir
Dans le walkman, retourné la cassette[62]
À la rue Philippe de Girard

Je n'aurai plus de nouvelles, j'finirai par m'y habituer
Mes copines sortiront leurs petites cuillères pour me ramasser
Et j'ai craché toute la violence
De ce coup d'pied dans mon insouciance
À quinze piges, on aime en majuscule
Et puis les années passent,
Les souvenirs s'accumulent
Parfois je te ressasse
Comme une chanson à la con
Maintenant, ça ne fait plus mal
J'ai juste rencontré un garçon
Qui n'est vraiment pas,
N'est vraiment pas
N'est vraiment pas phénoménal[63]

---

62. Mon fidèle compagnon, le Walkman Sony EX120, m'accompagnait partout. Quel bonheur d'avoir tout le temps sa musique avec soi ! Par contre, fallait pas obséder sur une chanson parce qu'à peine terminée, on devait se lancer dans un jeu de dextérité digitale : stop, rewind, stop, play. L'idéal étant d'arriver à rembobiner pile poil pour ne pas avoir la fin de la précédente chanson mais bien toute l'intro de celle qu'on voulait écouter. Un art, je te dis. Ajoute à ça des piles en fin de vie et c'ééééééééétaaaaaaaaaaaait laaaaaaaaaaaa meeeeeeeeeeerdeuh.
63. *La la la la la la la la la la la la la.*

Itineris[64] (XX/XX/2006)

Quand l'amour m'appellera
Je me mettrai sur répondeur
J'laisserai Orange répondre pour moi
Et cette fois-ci j'f'rai pas l'erreur,
Pas la bêtise de réagir
À la première sonnerie du cœur
Non cette fois-ci j'donnerai pas suite,
Quitte à laisser sonner des heures[65]

« Bonjour, si tu t'sens prêt,
Laisse ton message après le bip[66]
Que sur ce chemin passionné,
On soit des rois, on soit des VIP
Si t'es pas sûr, raccroche maintenant
Et compose un autre numéro
Ne m'rappelle plus dorénavant,
Ça m'évitera bien des sanglots »

T'as saturé ma boite vocale,
Et j'me suis pas assez méfiée

---

64. Avant d'être une syndicaliste vindicative dans l'excellent film d'Alain Chabat, Itineris était un réseau de téléphone. Père d'Orange, fils de France Télécom et saint esprit de Radiocom 2000. Amen.
65. Clairement une technique de harcèlement qui s'est perdue avec l'arrivée des téléphones portables.
66. Très inspiré de *si t'as les critères, babe, laisse-moi ton e-mail* ça !

Qu'en fonction des nuages, bah[67]
Un réseau ça peut merder
Ça peut changer tout un discours
Ça parle de peur et pas d'amour
Et j'entends que des cris d'vautour
Qui cherche à me dévorer

« Bonjour, je ne suis pas dispo,
Laisse ton message après le bip
Laisse de côté tous les mythos,
Je gagne du temps et j'anticipe
Si t'es pas sûr, raccroche maintenant
On n'a pas d'temps à perdre en vrai
On n'est pas là pour faire semblant,
Trop courte la vie pour la gâcher »

Trop bonne, trop conne j't'ai relancé
Tu m'as fais ramer quelques mois
Et je me suis faite pirater
Par ton serveur de mauvaise foi
Mais désormais, tout est très net
Je désinstalle le processeur
Au royaume de tes disquettes
La souris f'ra des doigts d'honneur[68]

---

67. La qualité d'un réseau téléphonique peut être affectée par la hauteur des nuages. Nuages BAS. Ouais, je sais, c'est (presque) du génie.
68. Je t'ai dit qu'il y avait une option NTIC dans mon BTS ?

« Le numéro que vous avez composé
N'est pas attribué ou n'est pas accessible
Nous vous invitons à raccrocher
Et à laisser cette personne tranquille
Ne rechargez pas vos crédits
Voire résiliez votre forfait[69]
C'est moins dangereux pour les filles
Si vous n'appelez plus jamais. »

---

69. Sauf si c'est un... Millénium, c'est bon, t'as suivi.

Mes désirs font désordre[70] (XX/XX/2007)

Quand je suis seule dans mon grand lit
Je repense à la chaleur de ton passage dans ma vie[71]
Je ferme les yeux, nous imagine tous les deux
Et peu à peu, je revis ces moments si heureux

Où ton corps se rapproche tout doucement du mien
Où mon ventre se réchauffe grâce à tes douces mains
Qui cherchent à découvrir ce qui se cache sous
Mes prisons de satin, ces moments où y'a qu'nous

Dans ma tête, des étoiles qui dansent un tango
J'aime ta langue qui cherche dans ma bouche ses mots
Qu'on n'ose pas se dire, qu'on voudrait peut-être taire
Par peur de gâcher la magie de l'éphémère

Tu descends tes lèvres vers mes seins qui se tendent
Je sens monter le désir, je me cambre et je tremble
À peine tu bouges que mon corps se raidit
J'aime ces moments intenses où l'excitation grandit

Et tu arrives au point culminant du plaisir
Ta langue s'agite, je m'étire, je soupire

---

70. Adaptation, sans le savoir, d'un slogan féministe et LGBTQIAA+ (l'acronyme n'existait pas mais bon, t'as compris) des années 70 se voulant contre l'hétéro-patriarcat. Comme quoi, c'était dans mes veines depuis un paquet d'années, ce refus des schémas pré-établis.
71. Dans mes souvenirs, je parle ici d'un mec que j'ai connu pendant l'été 2003. Été caniculaire, qui plus est. Tout se recoupe.

Dans ma tête, dans mon corps, tu es maintenant partout
Et à ce moment-là c'est clair : je t'aime, je l'avoue

Puis mon corps se fige, traversé par des spasmes
Je jouis verbalement mon désir et nage en plein orgasme
Sur un petit nuage, je le sais, ça m'excite
Et les étoiles, dans ma tête, dansent à présent la tektonik

Tu remontes près de moi, n'oses pas m'embrasser
Je fais le premier pas, je provoque ce baiser
Je goûte à mon corps sur le bout de tes lèvres
Avant de découvrir le tien, ce tendre bout de rêves[72]

Je plonge ma bouche à la découverte de ton corps
De ton torse, de ton ventre, de ton sexe et j'adore
Quand je te vois partir[73], quand tu ne touches plus terre
Qu'nous sommes si en osmose que rien n'peut la défaire

J'aime ces moments mutins où ma langue te cherche
Quand ton corps est en alerte, quand tu me tends la perche[74]

---

72. Quel bout exactement ?
73. Oui mais *laisse-moi un peu de toi, avant de partir...*
74. Pour la finesse, tu repasseras s'te plaît.

Sans mauvais jeu de mots[75], j'aime ces instants de merveilles
Où tu montes dans les tours, où ton corps se réveille

Puis tendrement je te guide vers ma petite île
Quand mes lèvres te réclament, ton sexe se fait docile
Doucement, passionnément, il vient me pénétrer
Et alors les étoiles se remettent à danser

Une salsa langoureuse commence alors entre nous
Et ce moment est pour moi le préféré de tous
Dans ma vie de femme[76] et je me sens enfin complète
Entière, apaisée, désirée et parfaite

Puis un cri vient déchirer ce concert de soupirs
Ton râle, je l'adore car il naît de ton désir
Pour mes formes, mes yeux, mon sourire et mes mots
Alors je te prête mes étoiles qui dansent pour toi un slow[77]

---

75. *C'est fin, c'est très fin, ça se mange sans faim.*
76. Disons que, « dans ma vie de femme », il y a eu d'autres moments tout autant (si ce n'est plus) agréables : paramétrer un message d'absence sur ma boite mail professionnelle, partager un verre de Nuits-Saint-Georges avec quelqu'un de bien ou encore m'égosiller sur du Ysa Ferrer.
77. Ce texte, c'est un DALS du cul en fait.

Vade Retro Téléphone[78] (XX/04/2008)

Interlude au Quick de Montparnasse[79]
Oppressée car je sens que je perds ta trace
Mylène Farmer
Dans les hauts-parleurs
Me demande de l'appeler[80]
Arrête Mylène
N'te donne pas cette peine
D'autres avant ont essayé
Si c'était aussi simple, on en f'rait pas des chansons
On donnerait son numéro, s'dirait « il va m'appeler de toute façon »
Mais non, dans la vie c'est bien plus compliqué
On essaye, on essaye, sans vraiment y arriver
« Crois pas que je m'accroche, j'veux pas qu'tu partes
Mais sans toi j'suis rien, sans toi j'dérape
Maintenant j'me tais pour pas qu't'aies peur
Pour pas qu'tu flippes, qu't'ailles voir ailleurs[81] »
Puis tu t'en rendras forcément compte
Et moi, j'aurai sûrement la honte
Quand tu m'diras « toi et moi, y'a pas mieux
On s'marre trop quand on est tous les deux »

---

78. *Et faut pas qu'j'appelle, pas qu'j'appelle...*
79. Calé dans son petit coin vers la sortie sur le boulevard de Vaugirard... Qu'est-ce que j'ai pu passer de temps là-bas en attendant que mon train soit annoncé au départ / qu'on vienne me chercher ! Ah la la, RIP toi aussi.
80. Le riff de guitare électrique au début du morceau m'envoûte toujours autant.
81. Non. Il est hors de question que je me taise. Flippe et va voir ailleurs si tu peux faire mieux.

Et voilà comment tu passes de la nana qui rigole
Au pote avec lequel t'enchaînes conneries et picole[82]
Voilà comment je serai reclassée après mon licenciement de l'amour
Vive la crise... Tout ça pour un peu trop d'humour
Alors c'est pas grave, y'aura une p'tite période moins fun
Où j'me r'mettrai en question, où j'me sentirai bien conne
Et puis un jour, ça repartira comme en 43[83]
Un autre fantôme, mais toujours me hantera
Et j'irai, tête baissée
Vers cet autre qui finira par se tirer
Ou pire encore, salaud de frustré
Partira sans un bruit[84] et oubliera
De décrocher
Le téléphone qui n'en finira pas
De sonner...

---

82. Bon, maintenant va falloir m'indiquer (à l'aide de coordonnées GPS si besoin) où sont les hommes qui tombent amoureux des filles qui peuvent à la fois roter comme si un démon s'échappait de leurs corps et s'émouvoir aux larmes devant un coucher de soleil. C'est pas pour moi hein, c'est pour une amie...
83. Je sais que c'est pour la rime mais sache qu'en 43, Jean Moulin créa le Conseil National de la Résistance. Si ça c'est pas une belle preuve de « ça repartira »...
84. L'appellation « ghosting » est beaucoup plus récente que le phénomène en question.

Je te laisse méditer là-dessus...[85]
(XX/XX/2008)

OK, OK[86], maintenant qu'on est en 2008, je peux te l'avouer
J'avais peur, mais alors une trouille bleue[87], d'un jour te rencontrer
Je peux te le dire, tes photos m'plaisaient pas
Quoi c'est dégueulasse ? Bah la vérité, c'est ça ![88]

OK, t'avais un beau sourire dessus mais c'était sans plus
Par contre, nos délires virtuels, j'les aimais d'plus en plus
J'adorais te parler, t'demander conseil et triper avec toi
Pendant des heures et des heures, MSN sous les doigts

---

85. Coup de pression passif-agressif phare de la seconde moitié des années 2000. Ironie de la chose, nous sommes nombreux, nous les trentenaires, à méditer aujourd'hui. Peut-être que c'était une prédiction en fait...
86. À la liste des carrières professionnelles que j'ai ratées s'ajoute celle de rappeuse. *OK, vous êtes pas prêts, OK.*
87. Expression des années 1000, clairement.
88. Pourquoi me suis-je sentie obligée de lui mettre un taquet d'emblée ? Là n'est pas le sujet mais quand même, la question mérite d'être posée.

Et puis y'a eu le déménagement et la fameuse coupure
Plus d'internet, plus de nouvelle, sur la ligne quelle friture ![89]
Pas moyen de te contacter, pas l'envie plus que ça
Un SMS pour Noël, la bonne année et voilà

Puis un jour je découvre les merveilles du wi-fi
Et j'profite d'mon voisin pour retrouver c'semblant de paradis[90]
Et toi et moi, on s'remet à discuter
Comme si le temps n'avait pas défilé

Et des fois nos discours sont un p'tit peu plus osés
Ça m'excite, ça s'agite dans ma tête les idées
On se fixe un rencard en octobre dernier
En tout bien, tout honneur... Ouais c'est ça, allez ![91]

La suite faut qu'tu la connaisses, va pas t'imaginer
Que quand j't'ai vu, ça a fait « paf », pas du tout en vérité

---

89. Aussi fou que cela puisse paraître, on pouvait encore très bien vivre sans internet en 2008.
90. À l'époque, nos wi-fi n'étaient pas automatiquement sécurisés. Ce qui m'a permis de squatter celui de mon voisin pendant un peu plus d'un an. J'espère que cette confession tardive m'ouvrir à minima les portes dudit paradis le moment venu...
91. Encore une fois le désespoir d'une génération de femmes résumé en une phrase. Mais y'a pire un peu plus loin, attends.

Quand j't'ai vu, j'me suis dis « bon allez, c'est parti
J'espère juste qu'on va pas rester muets comme deux abrutis »

Mon souhait s'est concrétisé, on a ri, on a ri[92]
Et j'ai commencé à m'dire « il est pas si mal ce petit »[93]
Comme quoi une photo, franchement ça veut rien dire
Et j'ai toujours trouvé plus charmants les hommes qui me font rire

Puis l'plus dur est arrivé, « l'addition s'il vous plaît »
Pour nous les femmes, quelle horreur ce moment du dîner ![94]
Dans notre tête fusent les questions et les banalités
« Ça risque de le vexer si j'demande à partager ? »

Mais oui ça pourrait bien évidemment le blesser[95]
Et puis c'est pas vraiment dans les valeurs de notre chère société[96]

---

92. C'est pas pour demain le Goncourt quand même.
93. 22 ans, ressenti 50.
94. Patriarcacat bonjour.
95. Mais putain on s'en fout qu'il se sente dévirilisé parce que tu payes ce que t'as bouffé ! Paye si tu veux, fais-toi inviter si tu veux, mais arrête d'imaginer ce qu'il peut penser. Soit tu lui demandes, soit tu fais comme toi tu veux. Merde !
96. Patriarcacat ta gueule.

Bon, j'dois dire que là, la question s'est même pas posée
L'addition était dans ton camp, pas vraiment moyen de la chopper

Bref, un CB, un TPE et quatre petites étoiles plus tard[97]
Un « merci » très sincère[98], un sourire mais pas d'au revoir
J'veux pas qu'on s'arrête là, ça serait vraiment trop con
De finir la soirée comme ça, sans raison

Alors je t'invite dans ma chambre d'hôtel à boire un autre café
Honnêtement, j'pensais pas qu'ça aurait si vite dérapé
Et nous finissons l'un contre l'autre enlacé
Tout sourire de ce petit interlude débridé

Et puis tu t'endors, je suis triste et j'me lève
Pourquoi triste tu m'diras ? Je déteste quand ça crève
Quand les rencards s'arrêtent, ça vraiment ça me gonfle
Dormir est un supplice, d'autant plus que tu ronfles ![99]

---

97. RIP les étoiles, aujourd'hui on paye sans contact jusqu'à 50€. Et vu le restau, y'en avait clairement pas pour ce prix-là en 2008.
98. Je fraudais internet donc je n'avais vraiment pas beaucoup de tunes à l'époque, tu m'étonnes que mon « merci » était sincère !
99. C'était il y a seize ans, il va sans dire que ce mec doit probablement être appareillé pour l'apnée du sommeil aujourd'hui.

Tiens, si vraiment je t'aimais, j'aurai zappé ce détail
Peut-être que j'y reste accrochée pour oublier, pour que ça aille
Pour ne pas laisser ces sentiments aller de l'avant
Toi et moi, c'est mort d'avance, allons donc à l'enterrement[100]

Parce que OK, faut pas s'accrocher, t'es pas dans le délire
Mais moi, j'vois des feux d'artifice et j'ai beau pas le dire
Des fois j'me surprends à penser à toi, à moi, à nous plutôt
Et crois-moi, ce rêve est irréalisable mais putain qu'il est beau ![101]

Mais voilà, toi tu m'vois comme un objet de désir
Pour assouvir tes pulsions, mon corps semble te ravir
Te ravir ? Te convenir ? Attends c'est pas la même, gadjio ![102]
Va pas me faire comprendre que je n'suis qu'un numéro

À défaut d'émotion amoureuse non dissimulée
Fais de moi une reine pour tes fins de soirée

---

100. Mic drop #2. Et pour la 100ème note, c'est royal.
101. T'inquiètes pas meuf, dans un an, tu l'auras oublié. Et dans seize, tu mettras plus d'une heure avant de retrouver son nom de famille.
102. Deuxième coup de pression... en carton.

Comble-moi de caresses, de tendresse, de baisers
Laisse-moi imaginer que je suis belle à croquer[103]

Attention, j'suis pas complètement accro, faut pas non plus déconner[104]
Simplement je voudrais plus souvent te revoir et, en vrai,
J'aimerai te connaître un peu plus intimement
Non, non, tu peux pour cela garder tes vêtements ![105]

Alors OK, j'vais sans doute encore souffrir quelques temps
Parce qu'une vie de femme, c'est un mensonge permanent[106]
« Oui t'es nul, non tu m'plais pas, qu'est-ce qui te fait croire ça ? »
Il va falloir la jouer fine, faudrait mieux qu'tu n'me grilles pas

Pourquoi ?

Parce que c'est pas du tout de toi dont j'ai rêvé gamine
Mon prince était blond aux yeux bleus, j'te jure un vrai viking !

---

103. Sa formule, de mémoire. Je trouvais ça ringard. Donc ça me faisait rire. Donc je l'aimais bien. CQFD.
104. T'as noirci cinq pages A4 sur le sujet mais non, t'es pas accro non.
105. Sans commentaire. Mais ça me coûte.
106. Vrai. Encore aujourd'hui, ce n'est encore pas évident d'être une femme, honnête sur ses envies et acceptée telle qu'elle.

Toi, t'as rien à voir, à part la même dentition[107], la même flamme dans les yeux
Et pourtant moi je craque, ça m'tue et c'est p't'être mieux

Parce que je suis toujours dans l'excès, je cherche ta trace partout
Quand j'te vois pas connecté, j'me demande « il est où ? »
Je sais c'est idiot, mais j'ai toujours quinze ans
Quand il s'agit de jouer avec mes propres sentiments[108]

J'ai beau me dire qu'il faut grandir, que j'suis plus une ado
J'essaie de me convaincre que la vie près de toi serait un fardeau
J'arrive pas à dépasser cette idée qui me hante toujours
J'me dis qu'avec toi, ça pourrait être le 25 décembre tous les jours[109]

---

107. J'avais une passion pour les dents alignées et bien blanches quand j'étais jeune. Puis les miennes ont vieilli aussi...
108. T'inquiètes, ça aussi ça s'arrête un jour.
109. Je me fais offrir un repas et c'est Noël. Y'a un vrai problème d'échelle ici.

Mais je sais comment ça se terminera, les dés sont pipés
Toi avec une nénette, moi seule en train de pleurer[110]
Moi, repensant à nos frasques diverses, la mélancolie au coin de l'oeil
Toi, les yeux rivés sur la nouvelle, celle qui me mettra en cercueil

Va ![111] L'espoir ça fait vivre, y'a un mec qui a dit ça[112]
Sûrement un jour où il était dans la même situation que moi
Alors peut-être qu'un jour, tu me diras en MP[113]
« Tiens, j'viens d'lire ton poème, sans mentir il est chanmé »[114]

Et là, si j'me casse pas la gueule de l'autre côté de l'écran
Je serai, sans mentir, dans un état tout tremblant
Je te dirai « merci, c'est sympa d'me dire ça »[115]
Tu répondras « de rien, mais tu parles de qui là[116] ? »

---

110. Spoil de 2024 : c'est un divorcé, tristounet car père qu'une semaine sur deux. Je t'ai parlé de l'importance de se détaguer sur Facebook ?
111. LOL. Littéralement. « Va manant, je t'en conjure ».
112. Paul Valéry précisément.
113. Message Privé. L'ancêtre du DM. Instagram n'existait pas de toute façon.
114. Non, il n'est pas chanmé. Il est funky si tu veux mais pas chanmé.
115. « La politesse est la beauté de la vertu. » (Emmanuel Kant)
116. Coup de pression + t'es moche + t'es couillon, je crois que ça fait beaucoup pour un seul homme...

Si j'arrive à te répondre, c'est que franchement j'suis trop douée[117]
Parce qu'avouer des sentiments, c'est pas une chose aisée
Je pense que je ne dirai rien, allez hop, on enchaîne
Sur un autre sujet, hop hop hop[118], on ne traîne !

Et qui sait, peut-être que toi, tu m'diras que j'te manque
Que tu veux me revoir, me toucher, que j'te hante
Je te jure, si tu m'dis ça, j'prends l'premier TGV
Et deux heures plus tard, j'te câline comme jamais ![119]

---

117. Ou que t'en as plus rien à foutre.
118. Je crois que je commençais à fatiguer.
119. Plus depuis 2009.

Toi et Moi (écriture automatique)[120]
(XX/XX/2009)

Toi, Moi et les autres autour
Bien, bien plus loin
Un peu derrière
Un peu pas là
Un peu ailleurs

Toi et Moi, cette semaine
Nos délires, nos drôles de souffrances
Ton sourire si doux,
Si tendre, tu ne peux pas me faire de mal

Toi avec Moi, si gentil
Patrice en fond sonore[121]
Des souvenirs dans le décor
Le soleil se couche sur ta Clio[122]
Et défilent les panneaux

---

120. L'écriture automatique est un procédé littéraire qui vise à exprimer une idée sans conscience ni censure. Et c'est aussi une jolie façon de prévenir que s'il n'y a pas de rimes ou si les vers n'ont pas le bon nombre de pieds, bah c'est pas ma faute en fait. De toute façon, je viens de sortir de H1N1 alors laisse-moi tranquille.
121. *I think of things as they come to me without warning.*
122. Clio II, forcément, le modèle d'une génération. C'était une petite citadine sympa dont on se rappellera les phares arrières triangulaires. Ses détracteurs lui préféraient la 206. Et moi, je rêvais déjà d'une Golf 4 d'occasion. Ich habe deutsche Autos schon immer geliebt.

Promenade améliorée
Se perdre sur la route pour éviter de se perdre tout court
J'suis sûre que ça ressemble à ça l'amour
En moins fort sûrement

Toi à côté de Moi
Tu conduis, je dirige
T'emmène vers des vertiges
Je te prie, tu m'obliges
Quelquefois, on se fige

Toi en Moi, plusieurs fois
Tendrement, doucement un émoi
Ton regard si charmeur qui se voile,
Se durcit, te rend sérieux
Et si beau, petit polisson

Toi, Moi et ceux-là
Ceux qui resteront encore
Ceux qui partiront dès l'aurore

Toi, toi, toi partout
Moi, moi, moi, je m'en fous
C'est toi qui compte
C'est moi qui retient deux
C'est des souvenirs en vrac
Des morceaux de mémoire
Des sonorités anciennes
Des images qui nous r'viennent
Ton âme dans la mienne

On rejette l'amour à l'amer[123]
Plus de misère
Tu ne te trouves pas dans mes chimères
Mais sur un bout de ma terre

Ces mots pour Toi... et Moi
Comme quoi les hommes
Ne sont pas tous des salauds
Des parleurs pas forcément beaux
Ta voix, encore
Tes expressions j'adore
Alors c'est vrai, j'avais donc pas tort
Les plus belles histoires d'amour
Sont celles qui n'existent pas
Comme celle qu'on vit là
Toi et Moi

---

123. *Et si le bateau doit couler, il faut que j'apprenne à nager.*

Les Petits Mots (16/05/2010)

Un petit mot laissé à l'arrache dans sa poche,
Pour lui dire que t'aimerais bien qu'il se rapproche.
Un e-mail en fin de journée sur Outlook,
Tu viens d'te faire taguer en direct sur Facebook[124].
Un SMS le lendemain, cent-soixante caractères[125]
Parce que tu commences vraiment à lui plaire
Et c'est vendredi soir, devant deux fenêtres MSN
Il est en train d't'écrire, et toi d'tout raconter à Marlène

Et tous ces petits mots passent sur ta vie,
Tous ces petits mots à eux tous te lient.

Un post-it sur l'frigo, y'a plus de chocolat,
Un soupir à l'idée d'faire la queue chez Cora.
Un mot sur un dimanche de ton agenda
Signé M., alors ça fait quoi la première fois ?
Un texto, entre deux rendez-vous commerciaux,
Je t'aime très fort ma chérie, c'est con mais tu trouves ça beau.

---

124. Je vais finir par croire que c'est un traumatisme.
125. 160 KractR é apré on Ctonn kon è 1venT un langaj sP6fik?

Une carte qui se balade sous les cahiers dans l'amphi[126]
Joyeux annif'[127] Marlène, vivement qu'on fête ça samedi !

Et tous ces petits mots passent sur ta vie,
Tous ces petits mots à eux tous te lient.

Une carte postale des Seychelles, des amis en vacances,
Devant, tu baves d'envie à l'idée d'quitter la France.
Un papier glissé sous ta porte à vingt-deux heures,
Baisse un peu la musique, le voisin n'est pas d'humeur.
Une notification de ta boite vocale qui sature,
Ta mère a trouvé le filon, elle t'aura à l'usure.
Un rappel d'EDF, des impôts, d'ton banquier,
Mais bordel, ils ne peuvent pas un peu tous t'oublier ?

Et tous ces petits mots passent sur ta vie,
Tous ces petits mots à eux tous te lient.

---

126. OK, je viens de piger : elle a une adresse mail professionnelle (Outlook n'était encore que le pendant pro d'Hotmail en 2010) et un agenda dans lequel ses camarades écrivent des mots parce qu'elle est en études supérieures et probablement en alternance. Lieutenante Columbette de la brigade criminelle, enchantée.

127. Je n'ai jamais compris pourquoi le « v » se transforme en « f » dans cette apocope. Encore un mystère qui restera sans réponse...

Une enveloppe blanche avec le nom d'ta société
Un soupir d'soulagement, la paye vient de tomber
Un mail sur ton Iphone, qui vibre dans ton manteau
C'est une carte virtuelle[128] d'ta mamie dans l'Hérault
Un accusé de non réception avec une écriture inconnue
Oh putain, qu'est-ce t'as fait ? À qui tu dois d'la tune ?[129]
Un faire-part de décès d'un vieux qu'tu connais pas
Ah non, ça c'est pour le 3B, c'est pas une lettre pour toi

Et tous ces petits mots à eux tous te lient,
Tous ces petits mots, qui passent sur ta vie.

Et des années après, près des millions d'messages
Plus d'nouvelle de Marlène, l'était juste de passage
Et ce mec, tu t'rappelles, t'avais quoi, dix-neuf ans ?
Avec sa caisse de fonction, il t'impressionnait tant
Maint'nant ça bipe en continu dans ta poche arrière droite
Les infos, bonnes, mauvaises, sur ton écran s'éclatent

---

128. Dromadaire.com existe toujours et ça, ça me fait du bien à l'intérieur, comme si j'avais retrouvé un pot de Nocciolata blanc tout neuf en rangeant le cellier.
129. Fun fact : j'ai déjà reçu une LRAR d'amour. Mais probablement pas encore à l'époque vu le coup de stress que je mets à la protagoniste.

Et tu sens le manque d'air, étouffée sous les notifications[130],
Mais le temps défile et s'enfile, rien n'arrête sa progression
Les papys meurent vraiment, pas que pour les 3B
Y'a parfois d'la douleur, dans ces notes à archiver

Et tous ces petits mots sur ta vie passaient…
Tous ces petits mots à eux tous te liaient…

---

130. J'ai retapé ce texte en une vingtaine de minutes. Pendant ce temps, mon smartphone m'a notifié cinq trucs différents comme, par exemple, « connaissez-vous ces aides qui permettent de refaire votre toiture ? », ce qui ne me semble que moyennement pertinent vu que j'habite en appartement.

Karpman[131] (XX/02/2011)

Je t'aime.
Je t'aime parce que tu n'es pas figée.
Elle me rassure, tu m'inquiètes.
C'est cette frayeur, cette idée
Que je peux te perdre à tout moment,
Qui me rend si fou de toi.
Elle fait tourner le monde sur l'horloge de la tendresse
Toi, t'affoles ma trotteuse dans une claque, une caresse
Tu me mets en difficulté, sans cesse
Tu m'évalues,
Tu me déroutes quand je bande d'arrêt d'urgence[132],
Je ne sais plus.
Je me perds dans cette ambivalence.
Quand la nuit m'enlace de ses bras mortifères
Dans ce lit conjugal, les yeux grand fermés
Je tremble comme un enfant à qui il manquerait sa mère.
J'ai honte de ma propre médiocrité,
Victime de vos corps, de vos complémentarités.

---

131. « Le triangle de Karpman est une figure d'analyse transactionnelle proposée par Stephen Karpman (médecin psychiatre) en 1968. Cette figure met en évidence un scénario relationnel typique entre victime, persécuteur et sauveur. » Merci Wikipédia, digne successeur de notre Encarta adolescent.
132. Jamais deux sans trois, dernier mic drop. C'est tout pour moi. Faites du bruiiiiiiiiit.

Je t'aime
Du haut de la tour des souvenirs partagés[133].
Sur la tête de nos enfants
Que je n'ai pas vus devenir grands.
Je t'aime dans le bruit cadencé
Du moteur du monospace familial
Qui crache sa fatigue de tous ces kilomètres parcourus
Que je répare parce qu'on m'a certifié,
Voilà bien des années,
Qu'il était increvable[134].
Je fais en sorte qu'il redémarre toujours
Je me démène pour entretenir cet amour,
Oui mais toi, tu n'as pas idée
Que les jours sont moins longs
Que lorsque nous avions
Vingt ans et quand arrive la nuit froide comme tes pieds sur mes mollets
Je t'haine de ne plus me voir, et je te fais payer
Cette jeunesse qu'on a perdue ensemble pour toujours.

---

133. « La tour des souvenirs partagés », c'est quand même carrément plus classe que « la bite qui t'a fait deux gosses », non ?
134. Dans les années 70, la New Beetle avait comme slogan publicitaire « IN-CRE-VA-BLE ». Ça fait petit pour un monospace mais bon, toujours cette bonne vieille licence poétique, tu connais.

Je m'aime
Quand je louche sur son corps ferme et offert,
Quand je n'ai plus l'âge de mes artères, mais celui de mes chimères.
Je m'aime quand je vois ses rides sous la lèvre inférieure[135], nostalgique bonheur
Et ce baiser qu'elle me donne chaque matin, l'air ailleurs.
Je m'aime quand je lui fais l'amour et que je ne pense qu'à baiser l'autre
Je m'aime quand je la saute et qu'elle jouit comme n'a jamais osé l'autre

Je les aime pour ces vies parallèles qui rendent la mienne
Plus pérenne.
Comme on tire sur une clope pour éviter qu'elle s'éteigne.
Comme une teigne
Je les aime.
Pour tout ce qui les éloigne et les oppose,
Pour mon propre bagne qu'elles mettent sur pause.
Puisque je suis une victime, un sauveur, un bourreau
Parce que je les ai toutes les deux dans la peau.

---

135. Une bonne raison d'arrêter de fumer finalement assez méconnue.

Et quand je me colle à sa jeunesse dans les nuits infidèles
J'installe dans ma mémoire vive, des images si belles
Qu'elles comblent ma solitude de simple mortel.[136]

---

136. Générique de fin. *La lumière revient déjà et le film est terminé.*

Merci...

Merci aux amis d'hier et d'aujourd'hui qui ont été mes premiers lecteurs, merci d'avoir voulu « lire la suite », me permettant au passage de l'écrire. Merci également aux amis d'hier et d'aujourd'hui qui n'ont jamais su que j'écrivais et qui peut-être, seront piqués par la curiosité de (se) replonger dans les années 2000.

Merci à mon « gang de meufs » familial :
Merci Mamie d'avoir corrigé mes dictées quand j'étais gosse.
Merci Sylvie d'avoir corrigé mes brouillons quand j'étais adulte.
Et bien évidemment, merci Maman d'avoir cru en chacun de mes projets, aussi farfelus soient-ils. Sans ton soutien inébranlable, ma vie serait peut-être plus rangée, mais elle serait aussi terne qu'un verre passé vingt ans au lave-vaisselle.

Merci mes ex pour les rimes. Sans vous, cette padoésie n'existerait pas non plus. Finalement, on a bien fait de se croiser.

Enfin, merci à vous d'avoir acheté, lu, critiqué, recommandé ce recueil. Vous donnez vie à mes mots et c'est le plus beau cadeau qu'une autrice puisse recevoir.

Bisous (si on se connaît).

Crédits musicaux

Les références et/ou les paroles retranscrites, en italique dans le texte, appartiennent aux œuvres suivantes.

Page 10 :
La bohème
interprétée par Charles Aznavour
composée par Charles Aznavour, Jacques Plante
© 1965 – Barclay

Page 12 :
Un univers
interprétée par Yann Destal
composée par Yann Destal
© 2004 – Else Music

Page 15 :
Lola
interprétée par Superbus
composée par Jennifer Ayache
© 2006 – Mercury France / Universal

Page 16 :
R&B 2 Rue
interprétée par Matt
composée par Matthieu Gore
© 2001 – Barclay

Page 34 :
Banlieue Nord
interprétée par Daniel Balavoine et Starmania
composée par Michel Berger, Luc Plamondon
© 1978 – Warner Music France

Page 36 :
Jeremy
interprétée par Pearl Jam
composée par Eddie Vedder, Jeff Ament
© 1991 – Sony Music Entertainment Inc.

Pushing Me Away
interprétée par Linkin Park
composée par Bradford Delson, Chester Bennington, Joseph Hahn, Michael Shinoda, Robert Bourdon
© 2000 – Warner Records Inc.

The Kids Aren't Alright
interprétée par The Offspring
composée par Bryan Holland
© 1998 – Columbia Records

Page 40 :
La première fois – Live
interprétée par Tryo et les Ogres de Barback
composée par Christophe Mali
© 2004 – Salut Ô Productions / Yelen Musiques

Page 41 :
Il est vraiment phénoménal
interprétée par Phenomenal Club
composée par Xavier Decanter, Plumo B, Michael de San Antonio
© 1997 – Now Discs / Warning Hits Records

Page 42 :
Jeune Demoiselle
interprétée par Diam's
composée par Diam's, Luke, Dr Swing, Yann Le Men
© 2006 – Hostile / EMI

Page 46 :
Avant de partir – Radio Edit
interprétée par Eve Angeli
composée par Vanessa Garcin, Michel Rostaing
© 2001 – Sony-BMG

Page 47 :
Mes rêves – Radio Edit
interprétée par Ysa Ferrer
composée par Daniel Castano, Ysa Ferrer
© 1997 – Polydor

Page 48 :
Vade retro téléphone
interprétée par Bénabar
composée par Bruno Nicolini
© 2003 – Zomba Records France

Appelle mon numéro
interprétée par Mylène Farmer
composée par Laurent Boutonnat
© 2008 – Stuffed Monkey

Page 50 :
OK
interprétée par Kyan Khojandi
composée par Clément Libes, Kyan Khojandi
© 2021 – FKLG

Page 59 :
Sunshine – Radio Edit
interprétée par Patrice
composée par Cameron McVey, Patrice Bart-Williams et Paul Simm
© 2002 – Yo Mama's Recording Company GmbH

Page 61 :
Hissée haut
interprétée par Zazie
© 1995 – Universal

Page 69 :
La dernière séance
interprétée par Eddy Mitchell
composée par Claude Moine, Pierre Papadiamandis
© 1977 – Barclay

Crédits littéraires

Les références et/ou les citations retranscrites, en italique dans le texte, appartiennent aux œuvres suivantes.

Page 11 :
Hell
© 2002 – Lolita Pille

Page 14 :
Go Ask Alice
titre français : **L'Herbe bleue**
© 1972 – Beatrice Sparks

Wir Kinder vom Bahnhof Zoo
titre français : **Moi, Christiane F., 13 ans, droguée, prostituée...**
© 1978 – Christiane Felscherinow, Kai Hermann et Horst Rieck

Page 21 :
Bonjour tristesse
© 1954 – Françoise Sagan

Page 22 :
L'Art de la guerre 2
© 2017 – Sophie-Marie Larrouy

Page 39 :
Poésies
© 1891 – Arthur Rimbaud

Crédits cinématographiques

Les références et/ou les dialogues retranscrits, en italique dans le texte, appartiennent aux œuvres suivantes.

Page 42 :
Astérix et Obélix : Mission Cléopâtre
réalisé par Alain Chabat
© 2002

Page 47 :
Le père Noël est une ordure
réalisé par Jean-Marie Poiré
© 1982